青いドレス

今日、私 は 学校 に 行きます！ 日本 の 学校 に 行きます！嬉しい です！
「お母さん！お母さん！今日 は 学校 に 行きます よ！」
「リサ、今日 は 元気 ですね。」
私 は 元気 です。私 は カナダ の 学校 が 好き じゃありませんでした。だから、カナダ では 元気 じゃありませんでした。でも、今日 は 元気 です。 私 は 日本 が 好き です。日本 の アニメ が 好き です。日本 の アニメ で たくさん の 学校 を 見ました。日本 の アニメ の 学校 は かわいい です。だから、今日 は かわいい ふく を きます。

「お母さん、私 の 青い ドレス は かわいい です か?私 は その 青い ドレス が 好き です。」

「その 青い ドレス は かわいい です よ。嬉しい です。お母さん も 青い ドレス を きます。」

お母さん も 青い ドレス を きます か?今日 は にゅうがくしき です。だから、お母さん も 私 の 学校 に 行きます。私 は 青い ドレス が 好き です。でも、緑 の ドレス を きます。でも、大丈夫 です!今日 は 日本 の 学校 に 行きます!

「リサ、行きますよ。今日 は 電車 で 行きます。」

お母さん は 電車 が 好き じゃありません。でも、車 が ありません。私 は 嬉しい です。日本 の アニメ で たくさん の 電車 を 見ました。たくさん の カナダ の せいと

More Books for Japanese learners

Russell せんせい の たんぺんしゅう

A collection of 20 short stories designed for absolute beginners

- Only approx. 53 unique words*
- Each unique word used an average of 60 times**
- Teachers pack(sold separately) contains a class story and comprehension check story for each of the 5 chapters
- Teacher's pack class stories introduce new vocabulary in the same order as the student stories

カイとプラネット0404

Kai thought he was just a normal kid, with a normal pet dog, and a normal father. Follow Kai as he leaves earth behind and discovers the truth about his family. Kai and his pet "dog" travel to Planet 0404 and take the first steps on their quest to stop Lucifer

- Approx. 112 unique words*
- Both Kanji and Katakana are used extensively, but furigana is provided.
- Intended for intermediate learners.

Check my website and sign up for my mailing list to be notified as new resources become available

*Unique word count does not include particles, English, Katakana, or multiple conjugations of the same word.
**This count is based on a combination of the book as well as the class stories from the teacher pack(sold separately)

Acknowledgements

I would like to thank all the people that supported me by purchasing and giving me feedback on my first book "Kai and Planet 0404." Without all that feedback and support, I never would have had the confidence and motivation to create this novel.

Of course the biggest thank you needs to go to my wonderful wife, Lisa Russell. She has been amazingly supportive of all my work, and the huge amounts of my time it can take up. In addition to her support, she is also my native-Japanese speaking editor and audiobook narrator. She even took on an additional role with this novel as the illustrator.

THANK YOU LISA.

Additional Formats

The following formats and readers are available through my website: www.easyjapanesestories.com

- Audio Book
- Complete English Translation (Pdf)
- Alternate version using only Hiragana.
    - English is used in place of Katakana

Copyright © 2019 by Matthew Russell

All rights reserved. No part of this publication may be reproduced, distributed, or transmitted in any form or by any means, including photocopying, recording, or other electronic or mechanical methods, without the prior written permission of the author, except in the case of brief quotations embodied in critical reviews and certain other noncommercial uses permitted by copyright law. For permission requests, write to the author at
easyjapanesestories@gmail.com

Quantity sales. Special discounts are available on quantity purchases by schools, bookstores, associations, and others. For details, contact the author at the email address above or visit:
www.easyjapanesestories.com

は 車 で 学校 に 行きます。でも、たくさん の 日本 の せいと は 電車 で 行きます。私 と お母さん は 駅 に 行きました。駅 で せいと を たくさん 見ました。でも、ドレス を 見ませんでした。電車 で せいと を たくさん 見ました。でも、ドレス を 見ませんでした。

「お母さん、その せいと の ふく は 学校 の せいふく です ね。」
「そう です ね。かわいい です ね。」
「お母さん、私 の 学校 は せいふく が あります か?」
「あります。でも、買いませんでした。」
「えっ!?買いませんでした か?」
「せいふく は 高い です よ。」

お母さん は 私 の せいふく を 買いません でした か？
「お母さん、日本 の 学校 の せいふく は かわいい です よ。」
「せいふく は 高い です よ。リサ は かわいい ふく が たくさん あります ね。」
お母さん は せいふく を 買いませんでした！でも、大丈夫 です！今日 は 日本 の 学校 に 行きます！日本 の せいふく は かわいい です。でも、私 の 緑 の ドレス も かわいい です。
「あっ！お母さん！学校 の 駅 です！かわいい 日本 の 学校 に 行きます！」

青い ドレス の たんご (vocabulary)

あおい	青い	Blue
あっ！		Ah!
あにめ	アニメ	Anime
あります		There is / To have (object)
ありません		There isn't / To not have (object)
いきます	行きます	To go
うれしい	嬉しい	Happy
えき	駅	Station(train)
えっ		What?
おかあさん	お母さん	Mother
か		(question marker)
が		(subject marker)
かいませんでした	買いませんでした	Didn't buy
がっこう	学校	School
かなだ	カナダ	Canada
かわいい		Cute
きます		To wear/ Put on
きょう	今日	Today
くるま	車	Car
げんき（な）	元気（な）	Healthy / Energetic
じゃありませんでした		Wasn't / Didn't
すき	好き	To like
せいと		Student
せいふく		Uniform
そう です		That's right
その～		That～ / The
だいじょうぶ	大丈夫	Okay

たかい	高い	Expensive
だから		Therefore
たくさん（の）		Many
で		At / in (location marker)
で		By / using
です		Is / Am / Are
では		At (Location+Topic marker)
でも		But
でんしゃ	電車	Train
と		And / With
どれす	ドレス	Dress
に		At / To (destination marker)
にほん	日本	Japan
にゅうがくしき		Entrance Ceremony
ね		Right?
の		(possessive marker - 's)
は		(topic marker)
ふく		Clothes
みどり（の）	緑（の）	Green
みました	見ました	Saw
みませんでした	見ませんでした	Didn't see
も		Also
よ		(exclamation particle - "!")
りさ	リサ	Lisa
わたし	私	I
わたし の	私 の	My
を		(Direct object marker)

日本 の 7-11

えっ!?ここ は 日本 の 駅 です が、7-11 が あります!
「お母さん、7-11 が あります!行きたい です!」
「リサ、7-11 は カナダ にも たくさん あります よ。」
「でも、日本 の 7-11 です よ。行きたい です!」
「リサ、何 が 欲しい です か?」
「日本 の コカ・コーラ の スラーピー が 欲しい です!」
「リサ は コカ・コーラ の スラーピー が 欲しい です か?私 は ペプシ の スラーピー が 好き です。」

「ペプシ は 美味しくない です。 私 は コカ・コーラ の スラーピー が 欲しい です！」

私 と お母さん は 7-11 に 行きました。

私 は 「美味しい スラーピー を 買いたい です！」と 言いました。でも、お母さん は 「美味しい コーヒー を 買いたい です！」と 言いました。私 の お母さん は コーヒー が 好き です。でも、私 は コーヒー が 好き じゃありません。コーヒー は 美味しくない です。

コカ・コーラ の スラーピー が 欲しかった です が、買いませんでした。スラーピー が ありませんでした！ここ は 7-11 です が、スラーピー が ありません！？日本 の 7-11 には スラーピー が ありません？

コカ・コーラ の スラーピー が 美味しい です！コカ・コーラ の スラーピー が 欲しい です！

日本の 女の子も 7-11に いました。日本の 女の子に 「ここに スラーピーは あります か?」と 聞きました。でも、女の子は 「スラーピー? スラーピーは 何です か?」と 言いました。
「お母さん、ここに スラーピーが ありません!」
「そう です ね。でも、大丈夫 です。ここに 美味しい コーヒーが あります。」

「お母さん、その 青い 缶は コーヒー です か?」
「はい、そう です。缶コーヒーを 買いました。リサは 缶コーヒーが 欲しい です か? 美味しい です よ。あげます よ。」
お母さんは 私に 青い 缶コーヒーを くれました。私は 缶コーヒーが

欲しくなかった です。私 は コーヒー が 好き じゃありません。私 は 美味しい スラーピー が 好き です。だから、コカ・コーラ の スラーピー が 欲しかった です。でも、大丈夫 です！今日、私 は 日本 の かわいい 学校 に 行きます！
「お母さん、美味しくない 缶コーヒー は 欲しくない です。かわいい 学校 に 行きたい です！」

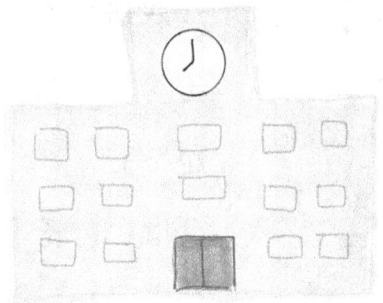

日本 の 7-11 の たんご

あおい	青い	Blue
あげます		To give (away from speaker)
あります		There is / To have (object)
ありません		There isn't / To not have (object)
ありませんでした		There wasn't / Didn't have (object)
いいました	言いました	Said
いきたい です	行きたい です	To want to go
いきました	行きました	Went
いきます	行きます	To go
いました		There was (person/animal) / (person/animal) was (somewhere)
えき	駅	Station(train)
えっ		What?
おいしい	美味しい	Delicious
おいしくない	美味しくない	Not delicious
おかあさん	お母さん	Mother
おんなのこ	女の子	Girl
か		(question marker)
が		(subject marker)
が、		but,
かいたい です	買いたい です	To want to buy
かいました	買いました	Bought
かいませんでした	買いませんでした	Didn't buy
がっこう	学校	School
かなだ	カナダ	Canada
かわいい		Cute
かん	缶	Can
ききました	聞きました	Asked
きょう	今日	Today
くれました		Gave (towards speaker)
こーひー	コーヒー	Coffee
こか・こーら	コカ・コーラ	Coca-Cola

ここ		Here
じゃありません		Isn't / Doesn't
すき	好き	To like
すらーぴー	スラーピー	Slurpee
そう です		That's right
その〜		That〜 / The〜
だいじょうぶ	大丈夫	Okay
たくさん（の）		Many
です		Is / Am / Are
でも		But
と		And / With
と		(Quotation marker)
なに	何	What
なん	何	What
に		At / To (destination marker)
には		At (destination + topic marker)
にほん	日本	Japan
にも		Also to / Also in
ね		Right?
の		(possessive marker - 's)
は		(topic marker)
はい		Yes
ぺぷし	ペプシ	Pepsi
ほしい	欲しい	To want
ほしかった	欲しかった	Wanted
ほしくない	欲しくない	To not want
ほしくなかった	欲しくなかった	Didn't want
も		Also
よ		(exclamation particle - "!")
りさ	リサ	Lisa
わたし	私	I
わたし の	私 の	My
を		(Direct object marker)

せいふく

学校 に たくさん の せいと が いました。
かわいい 女の子 が 私 に
「おはようございます。どうして ここ に います か?」と 聞きました。
「おはようございます。私 は ここ の せいと です。」
「でも、その ドレス は ここ の せいふく じゃありません。」
私 は お母さん を 見ました。
お母さん は 私 の せいふく を 買いませんでした。だから、ドレス を きました。でも、かわいい 女の子 に 言いませんでした。
「そう です が、私 は 緑 が 好き です。」

「そう です か？私 も 緑 が 好き です。私 は かな です。よろしくおねがいします。」
「よろしくおねがいします。」
かわいい かなさん は 学校 に 入りました。元気な 男の子 も 私 に「おはようございます。どうして ここ に います か？」と 聞きました。
「おはようございます。私 は ここ の せいと です。よろしくおねがいします。」
「よろしくおねがいします・・・。でも、その ドレス は ここ の せいふく じゃありません。」私 は お母さん を 見ました。どうして お母さん は 私 の せいふく を 買いませんでした か！？私 は せいふく が 欲しい です。日本 の かわいい せいふく が 欲しい です。元気な 男の子 に
「お母さん は 私 の せいふく を 買いませんでした。」と 言いたかった です。

でも、言いませんでした。元気な 男の子 は 私 に 「でも、その ドレス は かわいい です。私 は 緑 が 好き です。」と 言いました。元気な 男の子 に 何 を 言います か？「私 も 緑 が 好き です！」と 言います か？えっ！？元気な 男の子 は いませんでした。でも、へんな 男の子 が いました。私 は へんな 男の子 に 「おはようございます。私 は リサ です。」と 言いました。でも、へんな 男の子 は 「おはようございます。」と 言いませんでした。

「どうして ここ に います か？」

「私 は ここ の せいと です。よろしくおねがいします。」

「その ドレス は ここ の せいふく じゃありません よ。」

「そうです ね。」

「ドレス は 大丈夫 じゃありません よ。」

「私 の お母さん は せいふく を 買いませんでした。」

「ドレス は 大丈夫 じゃありません よ。」
「せいふく は 高い です。」
「ドレス は 大丈夫 じゃありません よ。」
私 は この せいと が 好き じゃありません。私 は お母さん に 「お母さん、今日 せいふく を 買いたい です。」と 言いました。
「リサ、せいふく は 高い・・・」
「お母さん！ドレス は 大丈夫 じゃありません！！今日 せいふく を 買いたい です！」
「オッケー・・・、今日 ショッピングセンター に 行きます。」
「今 ショッピングセンター に 行きますか？」
「今 は クラス が あります。だから、今 ショッピングセンター に 行きません。」
私 は せいふく が ありません。でも、クラス に 行きます？ せいふく が 欲しい です！・・・・・・ でも、大丈夫 です。私 は 日本 の かわいい 学校 に います。私

は お母さん に 「学校 の げんかん に 入ります よ！」 と 言いました。

せいふく の たんご

ありません		There isn't / To not have (object)
いいたかった です	言いたかった です	Wanted to say
いいました	言いました	Said
いいます	言います	To say
いいませんでした	言いませんでした	Didn't say
いきます	行きます	To go
いま	今	Now
いました		There was (person/animal) / (person/animal) was (somewhere)
います		There is (person/animal)/ (person/animal) is (somewhere)
いませんでした		There wasn't (person/animal)/ (person/animal) wasn't (somewhere)
えっ		What?
おかあさん	お母さん	Mother
おっけー	オッケー	Okay
おとこのこ	男の子	Boy
おはようございます		Good Morning
おんなのこ	女の子	Girl
か		(question marker)
が		(subject marker)
が、		but,
かいたい です	買いたい です	To want to buy
かいませんでした	買いませんでした	Didn't buy

がっこう	学校	School
かわいい		Cute
ききました	聞きました	Asked
きました		Wore / Put on
きょう	今日	Today
くらす	クラス	Class
げんかん		Entryway
げんき（な）	元気（な）	Healthy / Energetic
ここ		Here
この〜		This 〜
さん		(Added on to end of name to be polite)
じゃありません		Isn't / Doesn't
しょっぴんぐせんたー	ショッピングセンター	Shopping Center
すき	好き	To like
せいと		Student
せいふく		Uniform
そう　です		That's right
その〜		That〜 / The〜
だいじょうぶ	大丈夫	Okay
たかい	高い	Expensive
だから		Therefore
たくさん（の）		Many
です		Is / Am / Are
でも		But
と		(Quotation marker)
どうして		Why
どれす	ドレス	Dress
なに	何	What
に		At / To (destination marker)

にほん	日本	Japan
の		(possessive marker - 's)
は		(topic marker)
はいりました	入りました	Entered
はいります	入ります	To enter
へん（な）		Strange
ほしい	欲しい	To want
みどり（の）	緑（の）	Green
みました	見ました	Saw
も		Also
よ		(exclamation particle - "!")
よろしくおねがいします		Nice to meet you**
りさ	リサ	Lisa
わたし	私	I
わたし の	私 の	My
を		(Direct object marker)

**no direct translation – translated from context

うわぐつ

お母さん と いっしょ に 学校 の げんかん に 入りました。げんかん に 元気な 男の子 は いませんでした。でも、かわいい かなさん と へんな 男の子 が いました。かなさん は 私 に 「リサ、その ピンク の ブーツ は かわいい です ね。」 と 言いました。
「私 は ピンク が 好き です。」
「私 も ピンク が 好き です。でも、リサ、うわぐつ も あります ね。」
うわぐつ？？？お母さん は 私 に うわぐつ を くれませんでした。私 は お母さん に 「お母さん、私 の うわぐつ を 買いました ね？」 と 聞きました が、お母さん は 「昨日 ショッピングセンター に 行きました が、うわぐつ は 高かった です。」 と 言いました。お母さん は せいふく も

うわぐつ も 買いませんでした！？
「かなさん、ピンク の ブーツ は 大丈夫 です か？」
「その ブーツ は かわいい です が・・・」
「かなさん、ブーツ は 大丈夫 じゃありません か？」
私 は かなさん に 聞きました が、へんな 男の子 が 「大丈夫 じゃありません よ。ドレス も ブーツ も 大丈夫 じゃありません よ。」と 言いました。私 は お母さん に 「お母さん、ブーツ は 大丈夫 じゃありません。」と 言いました。
「そう です ね。」
「でも、お母さん は 私 の うわぐつ を 買いませんでした か？」
「そう です ね。」
「ブーツ は 大丈夫 じゃありません が、私 は うわぐつ が ありません・・・」
「そう です ね。」
「お母さん！！！」

「リサ、私 も うわぐつ が ありません。でも、大丈夫 です。」
「大丈夫 です か？」
「日本 の げんかん に スリッパ が あります。学校 の げんかん に スリッパ が たくさん あります よ。」
スリッパ？？？学校 の スリッパ は かわいくない です。私 は せいふく も うわぐつ も ありません？でも、大丈夫 です！今、私 は かわいい 日本 の 学校 に います。かわいくない スリッパ で にゅうがくしき に 行きます！「かなさん、お母さん、にゅうがくしき に 行きたい です！」

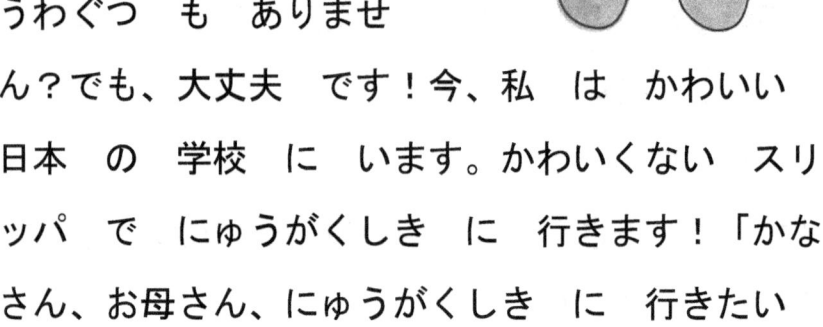

うわぐつ の たんご

あります		There is / To have (object)
ありません		There isn't / To not have (object)
いいました	言いました	Said
いきたい です	行きたい です	To want to go
いきました	行きました	Went
いきます	行きます	To go
いっしょ（に）		Together
いま	今	Now
いました		There was (person/animal) / (person/animal) was (somewhere)
います		There is (person/animal)/ (person/animal) is (somewhere)
いませんでした		There wasn't (person/animal)/ (person/animal) wasn't (somewhere)
うわぐつ		Indoor shoes
おかあさん	お母さん	Mother
おとこのこ	男の子	Boy
か		(question marker)
が		(subject marker)
が、		but,
かいました	買いました	Bought
かいませんでした	買いませんでした	Didn't buy
がっこう	学校	School
かわいい		Cute
かわいくない		Not Cute
ききました	聞きました	Asked
きのう	昨日	Yesterday
くれませんでした		Didn't give (towards speaker)
げんかん		Entryway
げんき（な）	元気（な）	Healthy / Energetic
さん		(Added on to end of name to be polite)
じゃありません		Isn't / Doesn't
しょっぴんぐせんたー	ショッピングセンター	Shopping Center

すき	好き	To like
すりっぱ	スリッパ	Slipper
せいふく		Uniform
そう　です		That's right
その〜		That〜 / The 〜
だいじょうぶ	大丈夫	Okay
たかかった	高かった	Was expensive
たくさん（の）		Many
で		By / using
です		Is / Am / Are
でも		But
と		And / With
と		(Quotation marker)
どれす	ドレス	Dress
に		At / To (destination marker)
にほん	日本	Japan
にゅうがくしき		Entrance Ceremony
ね		Right?
の		(possessive marker - 's)
は		(topic marker)
はいりました	入りました	Entered
ぴんく	ピンク	Pink
ぶーつ	ブーツ	Boots
へん（な）		Strange
も		Also
よ		(exclamation particle - "!")
りさ	リサ	Lisa
わたし	私	I
わたし　の	私　の	My
を		(Direct object marker)

にゅうがくしき?

私 は 嬉しい です。カナダ の 学校 は にゅうがくしき が ありません。私 は かなさん に 「にゅうがくしき は どこ です か?」と 聞きました。でも、かなさん は 「にゅうがくしき?今日 は にゅうがくしき が ありません。」と 言いました。

えっ?ここ は 日本 の 学校 です が、にゅうがくしき が ありません?

「かなさん、日本 の 学校 は にゅうがくしき が ありません か?」

「日本 の 学校 は にゅうがくしき が あります。」

「でも、この 学校 は にゅうがくしき が ありません か?」

「この 学校 も にゅうがくしき が ありました よ。昨日 でした。」

「昨日　でした　か！？」
私　は　嬉しくない　です。にゅうがくしき　が　ありました　が、お母さん　は　私　に　言いませんでした。私　は　にゅうがくしき　に　行きませんでした？
「お母さん、どうして　言いませんでした　か？どうして　昨日　にゅうがくしき　に　行きませんでした　か？」
「リサ、嬉しくない　です　か？」

「嬉しくない　です　よ！どうして　昨日　にゅうがくしき　に　行きませんでした　か？」
「リサ、にゅうがくしき　は　楽しくない　です。

だから、にゅうがくしき に 行きませんでした。」
私 は 嬉しくなかった です。私 は せいふく が ありません。私 は うわぐつ も ありません。私 は にゅうがくしき に 行きませんでした。
「お母さん！日本 の 学校 の せいと は せいふく も うわぐつ も 買います。日本 の 学校 の せいと は にゅうがくしき に 行きます。」
「そう です ね。」
「今、せいふく も うわぐつ も 買いたい です！」
「今、買いません。」
「どうして！？」
「私 は 先生 です。今 クラス が あります。」
「えっ！？お母さん も 今日 クラス が あります か？」
「はい、今 あります。」

「どうして 私 の 学校 に います か?」
「ああ、昨日 言いませんでした か? 」
「えっ?昨日 何 を 言いませんでした?」
「私 は この 学校 の 先生 です。私 は リサ の 英語 の 先生 です。」
「えええ????この 学校??私 の 先生???」
「リサ、 今 英語 の クラス が あります。クラス に 行きます よ！」

にゅうがくしき？ の たんご

ああ		Oh
ありました		There was / Had (object)
あります		There is / To have (object)
ありません		There isn't / To not have (object)
いいました	言いました	Said
いいませんでした	言いませんでした	Didn't say
いきます	行きます	To go
いきませんでした	行きませんでした	Didn't go
いま	今	Now
います		There is (person/animal)/ (person/animal) is (somewhere)
うれしい	嬉しい	Happy
うれしくない	嬉しくない	Not happy
うれしくなかった	嬉しくなかった	Wasn't happy
うわぐつ		Indoor shoes
えいご	英語	English
えええぇ????		Whaat????
えっ		What?
おかあさん	お母さん	Mother
か		(question marker)
が		(subject marker)
が、		but,
かいたい です	買いたいです	To want to buy
かいます	買います	To buy
かいません	買いません	To not buy
がっこう	学校	School
かなだ	カナダ	Canada
ききました	聞きました	Asked
きのう	昨日	Yesterday
きょう	今日	Today
くらす	クラス	Class
ここ		Here
この〜		This 〜

さん		(Added on to end of name to be polite)
せいと		Student
せいふく		Uniform
せんせい	先生	Teacher
そう　です		That's right
だから		Therefore
たのしくない	楽しくない	Wasn't fun
でした		Was / Were
です		Is / Am / Are
でも		But
と		(Quotation marker)
どうして		Why
どこ		Where
なに	何	What
に		At / To (destination marker)
にほん	日本	Japan
にゅうがくしき		Entrance Ceremony
の		(possessive marker - 's)
は		(topic marker)
はい		Yes
も		Also
よ		(exclamation particle - "!")
りさ	リサ	Lisa
わたし	私	I
わたし　の	私　の	My
を		(Direct object marker)

英語

お母さん は 「みんな、おはようございます。私 は みんな の 英語 の 先生 です。よろしくおねがいします。」と 言いました。私 は 嬉しかった です。お母さん は「私 は リサ の お母さん です。」と 言いませんでした。お母さん は はずかしい こと を 言いませんでした。だから、英語 の クラス は 大丈夫 でした。でも、ホームルーム は 大丈夫 じゃありません でした。私 は ホームルーム の クラス に 行きました。私 は 嬉しくなかった です。

かなさん が 私 の ホームルーム に いませんでした。でも、へんな 男の子 が いました。へんな 男の子 に 「この ホームルーム の 先生 は 楽しい 先生 です か？」と 聞きました。

「はははは・・・この ホームルーム の 先生 は 楽しくない です よ。この ホームルーム の 先生 は リサ の お母さん です よ。」

「私 の ホームルーム の 先生 は 私 の お母さん！？」

私 の お母さん が ホームルーム の クラス に 入りました！お母さん は 「みんな、おはようございます。私 は この ホームルーム の 先生 です。」と 言いました。

お母さん は はずかしい こと も 言いました。

「みんな、その かわいい 女の子 は リサ です。私 は リサ の お母さん です。」

私 は 「お母さん！ストップ!」と

言いたかった　です。はずかしかった　です。
でも、お母さん　は「かわいい　リサ　は　友達　が　欲しい　です。日本　の　友達　が　欲しい　です。」と　言いました。
クラス　の　みんな　が　私　を　見ました。
「お母さん！！」
「リサ、大丈夫　です　か？」
「大丈夫！？大丈夫　じゃありませんよ！」
「リサ、どうして　大丈夫　じゃありませんか？」
「どうして！？！？どうして！？！？お母さん　は　私　の　せいふく　を　買いませんでした！！」
「リサ、せいふく　は　高い　です。」
「お母さん　は　私　の　うわぐつ　を　買いませんでした！」
「リサ、うわぐつ　も　高い　です。」
「お母さん　は　みんな　に『リサ　は　友達　が　欲しい　です。』と　言いました！」
「リサ　は　友達　が　欲しくない　です　か？」
「私　は　お父さん　の　所　に　行きたい　です！」

「リサ の お父さん は へん です よ。」
「私 は お父さん の 所 に 行きたい です！」
「リサ、カナダ に 友達 が いませんでした。でも、この 学校 に たくさん の 友達 が います よ。」
「この 学校 に 友達 が いません！」
「へんな 男の子 も 元気な 男の子 も かな も リサ の 友達 じゃありません か？」
「友達 じゃありません よ！お母さん も この 学校 も 好き じゃありません！私 は お父さん の 所 に 行きたい です。お父さん が 好き です。でも、お父さん は カナダ に います。今、カナダ に 行きます！」
リサ は クラス から はしりだしました。

英語 の たんご

いいたかった です	言いたかった	Wanted to say
いいました	言いました	Said
いいませんでした	言いませんでした	Didn't say
いきたい です	行きたい です	To want to go
いきました	行きました	Went
いきます	行きます	To go
いま	今	Now
いました		There was (person/animal) / (person/animal) was (somewhere)
いません		There isn't (person/animal)/ (person/animal) isn't (somewhere)
いませんでした		There wasn't (person/animal)/ (person/animal) wasn't (somewhere)
うれしかった	嬉しかった	Was Happy
うれしくなかった	嬉しくなかった	Wasn't happy
うわぐつ		Indoor shoes
えいご	英語	English
おかあさん	お母さん	Mother
おとうさん の ところ	お父さん の 所	Place where the father is
おとこのこ	男の子	Boy
おはようございます		Good Morning
か		(question marker)
が		(subject marker)
かいませんでした	買いませんでした	Didn't buy
がっこう	学校	School
から		From
かわいい		Cute
ききました	聞きました	Asked

くらす	クラス	Class
こと		Thing(s)
この〜		This 〜
さん		(Added on to end of name to be polite)
じゃありませんでした		Wasn't / Didn't
すき	好き	To like
すとっぷ	ストップ	Stop
せいふく		Uniform
せんせい	先生	Teacher
だいじょうぶ	大丈夫	Okay
たかい	高い	Expensive
だから		Therefore
たくさん（の）		Many
たのしい	楽しい	Fun
でした		Was / Were
です		Is / Am / Are
でも		But
どうして		Why
ところ	所	Place
ともだち	友達	Friend
に		At / To (destination marker)
にほん	日本	Japan
の		(possessive marker - 's)
は		(topic marker)
はいりました	入りました	Entered
はしりだしました		Started to run
はずかしい		Embarrassing
はずかしかった		Was embarrassing
へん（な）		Strange

ほーむるーむ	ホームルーム	Homeroom
ほしい	欲しい	To want
ほしくない	欲しくない	To not want
みました	見ました	Saw
みんな		Everyone
も		Also
よ		(exclamation particle - "!")
よろしくおねがいします		Nice to meet you**
りさ	リサ	Lisa
わたし	私	I
わたし の	私 の	My
を		(Direct object marker)

**no direct translation. Translated from context.

駅 は どこ？

学校 から はしりだしました。私 は 車 が ありません。だから、駅 に 行きたかった です。電車 で くうこう に 行きます。でも、駅 は どこ でした か？リサイクルショップ に ハンサムな 人 が いました。だから、リサイクルショップ に 入りました。リサイクルショップ の ハンサムな 人 に 「駅 は どこ です か？」と 聞きました。でも、リサイクルショップ の ハンサムな 人 は 「ソーリー、ノーイングリッシュ」と 言いました。
「ええ？『駅 は どこ です か』と 言いました！」
「ソーリー、ノーイングリッシュ」
「英語 じゃありませんでした よ！」
「ソーリー、ノーイングリッシュ」

「ああああ！！！！」
リサイクルショップ から はしりだしました。駅 は どこ です か！？マクドナルド に 人 が いました。ハンサムな 人 じゃありませんでした。でも、マクドナルド に 入りました。マクドナルド の 人 に 「駅 は どこ です か？」と 聞きました。
「駅 は スーパーマーケット の 近く です。」
「スーパーマーケット は どこ です か？」
「スーパーマーケット は ７－１１ の 近く です。」
「７－１１ は どこ です か？」
「７－１１ は 駅 の 近く です。」
「駅 は どこ です か？」
「駅 は スーパーマーケット の ・・・」
「ああああ！！！！駅 は どこ！！？？」
私 は マクドナルド から はしりだしました。駅 に 行きたい です！駅 は どこ です か！？

近く に かわいい 女の人 が いました。女の人 の 所 に はしりました。かわいい 女の人 に 「駅 は どこ です か?」と 聞きました。女の人 は 「駅 は スーパーマーケット の 近く です。」と 言いました。

「スーパーマーケット は どこ です か?」
「大丈夫 です か?」
「大丈夫 です。スーパーマーケット は どこ です か?」
「今、学校 は ありません か?お母さん と お父さん は どこ です か?」
「・・・電車 で お父さん の 所 に 行きます。駅 は どこ です か?」
「私 も 駅 に 行きます。車 で いっしょ に 行きます か?」
「車 で いっしょ に 行きたい です!ありがとうございます!よろしくおねがいします!」

私 は その かわいい 女の人 と いっしょに 緑 の 車 で 駅 に 行きました。
「ああ！駅 です！」

駅 は どこ？ の たんご

ああ！		Ah!
あああああ！！！！		AAAAHHH!!!!
ありがとうございます		Thank you
ありません		There isn't / To not have (object)
いいました	言いました	Said
いきたい です	行きたい です	To want to go
いきたかった です	行きたかった です	Wanted to go
いきました	行きました	Went
いきます	行きます	To go
いっしょ（に）		Together
いま	今	Now
いました		There was (person/animal) / (person/animal) was (somewhere)
えいご	英語	English
ええ？		Huh?
えき	駅	Station(train)
おとうさん	お父さん	Father
おとうさん の ところ	お父さん の 所	Place where the father is
おんなのひと	女の人	Woman
おんなのひと の ところ	女の人 の 所	Place where the woman is
か		(question marker)
が		(subject marker)
がっこう	学校	School
から		From
かわいい		Cute
ききました	聞きました	Asked
くうこう		Airport
くるま	車	Car
じゃありませんでした		Wasn't / Didn't

すーぱーまーけっと	スーパーマーケット	Supermarket
そーりー、のーいんぐりっしゅ	ソーリー, ノーイングリッシュ	Sorry, no English
だいじょうぶ	大丈夫	Okay
だから		Therefore
ちかく	近く	Nearby
で		By / using
でした		Was / Were
です		Is / Am / Are
でも		But
でんしゃ	電車	Train
と		(Quotation marker)
と		And / With
どこ		Where
ところ	所	Place
に		At / To (destination marker)
の		(possessive marker - 's)
は		(topic marker)
はいりました	入りました	Entered
はしりだしました		Started to run
はんさむ（な）	ハンサム（な）	Handsome
ひと	人	Person
まくどなるど	マクドナルド	McDonalds
みどり（の）	緑（の）	Green
も		Also
よ		(exclamation particle - "!")
よろしくおねがいします		Please / Thank you**
りさいくるしょっぷ	リサイクルショップ	Recycle Shop
わたし	私	I

**no direct translation. Translated from context.

日本 の 電車

「駅 です！」
かわいい 女の人 と いっしょ に 駅 に 入りました。かわいい 女の人 は 私 に
「チケット は あります か？」と 聞きました。
「今、チケット は ありません。でも、チケット を 買います。」
「おかね は あります か？」
「おかね は ありません。でも、クレジットカード が あります。」
「クレジットカード？」
「お母さん の クレジットカード です。昨日 お母さん が 私 に くれました。」
かわいい 女の人 と いっしょ に チケット の カウンター に はしりました。私 は 電車 の チケット を 買いました。私 は 女の人

に「ありがとうございます。」と 言いました。かわいい 女の人 は 駅 の 近く の スーパーマーケット に 行きました。

私 は 電車 の チケット が あります！でも、電車 に 行きませんでした。この 駅 に は ショッピングセンター が ありました。私 は お母さん の クレジットカード が あります！だから、電車 に 行きませんでした。私 は クレジットカード で 青い ドレス を 買いました。かわいい ふく を たくさん 買いました。楽しかった です。美味しい アイスクリームクレープ も 買いました。私 は 嬉しい です。今、私 は お母さん と いっしょ に いません。でも、クレジットカード が あります。だから、大丈夫 です。クレジットカード は 楽しい です。クレジットカード は はずかしい こと を 言いません。

クレジットカード で かわいい ふく を たくさん 買いました。美味しい アイスクリームクレープ も 買いました。だから、嬉しい です。ショッピング は 楽しかった です。でも、カナダ に 行きたい です。お父さん の 所 に 行きたい です。だから、私 は 電車 に 入りました。この 電車 で くうこう に 行きます。

日本 の 電車 の たんご

あいすくりーむくれーぷ	アイスクリームクレープ	Ice cream crepe
あおい	青い	Blue
ありがとうございます		Thank you
ありました		There was / Had (object)
あります		There is / To have (object)
ありません		There isn't / To not have (object)
いいました	言いました	Said
いいません	言いません	To not say
いきたい です	行きたい です	To want to go
いきました	行きました	Went
いきます	行きます	To go
いきませんでした	行きませんでした	Didn't go
いっしょ（に）		Together
いま	今	Now
いません		There isn't (person/animal)/ (person/animal) isn't (somewhere)
うれしい	嬉しい	Happy
えき	駅	Station(train)
おいしい	美味しい	Delicious
おかあさん	お母さん	Mother
おかね		Money
おとうさん	お父さん	Father
おとうさん の ところ	お父さん の 所	Place where the father is
おんなのひと	女の人	Woman
か		(question marker)
が		(subject marker)
かいました	買いました	Bought
かいます	買います	To buy
かうんたー	カウンター	Counter
かなだ	カナダ	Canada
かわいい		Cute
きのう	昨日	Yesterday
くうこう		Airport

くれじっとかーど	クレジットカード	Credit Card
くれました		Gave (towards speaker)
こと		Thing(s)
この〜		This 〜
しょっぴんぐせんたー	ショッピングセンター	Shopping Center
すーぱーまーけっと	スーパーマーケット	Supermarket
だいじょうぶ	大丈夫	Okay
だから		Therefore
たくさん（の）		Many
たのしい	楽しい	Fun
たのしかった	楽しかった	Was fun
ちかく	近く	Nearby
ちけっと	チケット	Ticket
で		By / using
です		Is / Am / Are
でも		But
でんしゃ	電車	Train
と		(Quotation marker)
と		And / With
ところ	所	Place
どれす	ドレス	Dress
に		At / To (destination marker)
にほん	日本	Japan
の		(possessive marker - 's)
は		(topic marker)
はいりました	入りました	Entered
はずかしい		Embarrassing
ふく		Clothes
も		Also
わたし	私	I
を		(Direct object marker)

くうこう

くうこう に 入りました。私 は 嬉しい です。カナダ に 行きます。楽しい お父さん の 所 に 行きます。嬉しい です。お母さん は いっしょ に いません。でも、大丈夫 です よね？
くうこう の カウンター に はしりました。くうこう の カウンター の 人 に 「カナダ に 行きたい です。チケット を 買いたい です。」と 言いました。
「おかね は あります か？」
「はい、お母さん の クレジットカード が あります。」
「パスポート は？」
「えっ！？パスポート！？パスポート は 今 ありません・・・」

「お母さん は どこ です か？お父さん は どこ です か？大丈夫 です か？」
「はい、大丈夫 です。」
「お母さん は どこ です か？お父さん は？」
「お父さん は 今 カナダ に います。だから、カナダ に 行きたい です。」
「でも、パスポート は・・・」
「パスポート は ありません。でも、カナダ に 行きたい です！」
「でも、パスポート は・・・」
「カナダ に 行きたい です！」
「チケット を あげません。でも、この 緑 の ロリポップ を あげます。」
くうこう の カウンター の 人 が 私 に ロリポップ を くれました！

「ありがとうございます・・・・・・？？？」
緑？緑 の ロリポップ は 美味しくない です。私 は ロリポップ を 見ました。ロリポップ は チケット じゃありません！チケット が 欲しかった です。お父さん の 所 に 行きたい です！
「リサ！！！リサ！！！」
えっ？だれ が 「リサ！」 と 言いました か？
「リサ！！！リサ！！！」

くうこう の たんご

あげます		To give (away from speaker)
ありがとうございます		Thank you
あります		There is / To have (object)
ありません		There isn't / To not have (object)
いいました	言いました	Said
いきたい です	行きたい です	To want to go
いきます	行きます	To go
いっしょ（に）		Together
いま	今	Now
います		There is (person/animal) / (person/animal) is (somewhere)
いません		There isn't (person/animal) / (person/animal) isn't (somewhere)
うれしい	嬉しい	Happy
えっ		What?
おいしくない	美味しくない	Not delicious
おかあさん	お母さん	Mother
おかね		Money
おとうさん	お父さん	Father
おとうさん の ところ	お父さん の 所	Place where the father is
か		(question marker)
が		(subject marker)
かいたい です	買いたい です	To want to buy
かうんたー	カウンター	Counter
かなだ	カナダ	Canada
くうこう		Airport
くれじっとかーど	クレジットカード	Credit Card
くれました		Gave (towards speaker)
この〜		This 〜

じゃありません		Isn't / Doesn't
だいじょうぶ	大丈夫	Okay
だから		Therefore
たのしい	楽しい	Fun
だれ		Who
ちけっと	チケット	Ticket
です		Is / Am / Are
でも		But
と		(Quotation marker)
どこ		Where
ところ	所	Place
に		At / To (destination marker)
の		(possessive marker - 's)
は		(topic marker)
はい		Yes
はいりました	入りました	Entered
はしりました		Ran
ぱすぽーと	パスポート	Passport
ひと	人	Person
ほしかった	欲しかった	Wanted
みどり（の）	緑（の）	Green
みました	見ました	Saw
よね		Right!?
りさ	リサ	Lisa
ろりぽっぷ	ロリポップ	Lollipop
わたし	私	I
を		(Direct object marker)

カナダ？？学校？？

「リサ！！！リサ！！！」
かなさん でした！かなさん が この くうこう に いました！私 は かなさん の 所 に はしりました。
「かなさん？どうして くうこう に いますか？」
「お母さん が 『リサ は 電車 で くうこう に 行きます。』と 言いました。」
「えっ！？でも、私 の お母さん に 言いませんでした。」
「リサ の お母さん じゃありませんでした。」
「ええ？？」
「リサ は 女の人 と いっしょ に 緑 の 車 で 駅 に 行きました ね。」
「はい。」

「その 女の人 は 私 の お母さん でした。」
「えええええ！！！？？？」
「リサ、どうして 学校 から はしりだしました か？」
「私 の お母さん は はずかしい こと を 言いました。」
「はずかしい こと？」
「お母さん は 『みんな、リサ は 友達 が 欲しい です。』と 言いました。」
「どうして はずかしい です か？」
「はずかしい です よ。」
「でも、みんな 友達 が 欲しい です。 私 も 友達 が 欲しい です よ。」
「私 は 友達 が いません。だから、はずかしい です。」
「リサ は 友達 が います よ。私 は リサ の 友達 です。」

ええ？かなさん は 私 の 友達 です か！？
嬉しい です。私 は 日本 の 友達 が 欲し
かった です。
「かなさん、ありがとうございます。嬉しい
です。でも、学校 に 行きません。」
「どうして？」
「私 は はずかしい です。私 は せいふく
が ありません。うわぐつ も ありません。」
「ああ・・・はずかしい です ね。」
「そう です よ。」
「でも、大丈夫 です。」
「大丈夫 です か？ どうして？」
「私 の せいふく と うわぐつ を リサ に
あげます！」
かなさん は 私 に せいふく と うわぐつ
を くれます！私 は 嬉しい です！かなさん
は 私 の 友達 です！日本 に 友達 が
います！私 は せいふく も うわぐつ も
あります！
「ありがとうございます！今、せいふく を

きます。」
かなさん と いっしょ に くうこう の トイレ に はしりました。トイレ で せいふく を きました。かわいい です！
かなさん は 「かわいい です ね！」と 言いました。
「かなさん、ありがとうございます！嬉しい です！でも、かなさん は 何 を きます か？」
「リサ、 その 緑 の ドレス を くれます か？」
「あげます よ！」
かなさん は 私 の ドレス を きました。

かわいい です！私 は 嬉しい です！！！

「かなさん、学校 に 行きたい です！ お母さん の クレジットカード で 電車 の チケット を 買います！」

カナダ？？学校？？ の たんご

ああ		Ah
あげます		To give (away from speaker)
ありがとうございます		Thank you
あります		There is / To have (object)
ありません		There isn't / To not have (object)
いいました	言いました	Said
いいませんでした	言いませんでした	Didn't say
いきたい です	行きたい です	To want to go
いきました	行きました	Went
いきます	行きます	To go
いきません	行きません	To not go
いっしょ（に）		Together
いま	今	Now
いました		There was (person/animal) / (person/animal) was (somewhere)
います		There is (person/animal)/ (person/animal) is (somewhere)
いません		There isn't (person/animal)/ (person/animal) isn't (somewhere)
うれしい	嬉しい	Happy
うわぐつ		Indoor shoes
ええ？？		Huh??
えええええ！！！？？？		WHAAAT!!!???
えき	駅	Station(train)

えっ		What?
おかあさん	お母さん	Mother
おんなのひと	女の人	Woman
か		(question marker)
が		(subject marker)
かいます	買います	To buy
がっこう	学校	School
から		From
かわいい		Cute
きました		Wore / Put on
きます		To wear/ Put on
くうこう		Airport
くるま	車	Car
くれじっとかーど	クレジットカード	Credit Card
くれます		To give (towards speaker)
こと		Thing(s)
この〜		This 〜
さん		(Added on to end of name to be polite)
じゃありませんでした		Wasn't / Didn't
せいふく		Uniform
そう　です		That's right
その〜		That〜
だいじょうぶ	大丈夫	Okay
だから		Therefore
ちけっと	チケット	Ticket
で		At / in (location marker)
で		By / using
でした		Was / Were
です		Is / Am / Are

でも		But
でんしゃ	電車	Train
と		(Quotation marker)
と		And / With
といれ	トイレ	Toilet
どうして		Why
ところ	所	Place
ともだち	友達	Friend
どれす	ドレス	Dress
なに	何	What
に		At / To (destination marker)
にほん	日本	Japan
ね		Right?
の		(possessive marker - 's)
は		(topic marker)
はい		Yes
はしりだしました		Started to run
はしりました		Ran
はずかしい		Embarrassing
ほしい	欲しい	To want
ほしかった	欲しかった	Wanted
みんな		Everyone
も		Also
よ		(exclamation particle - "!")
リサ	りさ	Lisa
わたし	私	I
を		(Direct object marker)

www.ingramcontent.com/pod-product-compliance
Lightning Source LLC
Chambersburg PA
CBHW071915070526
44583CB00016B/2008